国語のアクティブ・ラーニング

音読で育てる読解力

小学2年～4年対応　2

有限会社　言問学舎

国語のアクティブラーニング　音読で育てる読解力　小学２年～４年対応２　目次

はじめに　〈考える力、表現する力〉を育てましょう

本シリーズ『国語のアクティブラーニング　音読で育てる読解力』は、わが国の子どもたちの読解力、国語力が弱いと言われる現在、文章の内容を正しく読みとり、自分で考え、その考えたことを自分の言葉で表現できる「本当の国語力」を、多くのお子さんたちに身につけてほしいという願いから、平成三一年・令和元年（二〇一九年）より、私ども言問学舎で出版を開始しました。

この一年あまり、子どもさんたちを教え、育てる私ども教育業界においては、大きな変化がつづきました。第一点は、大学入試に関して「記述力・表現力を問う」とされていた大学入学共通テストが、国語においても大きくその姿を変えたことです。

そして第二点は、ことし令和二年（二〇二〇年）はじめから流行の兆しを見せていた新型コロナウイルス（ＣＯＶＩＤ‐１９）が、わが国においても多くの人の命を奪い、また学校教育

の現場に長期の休校期間をもたらしたことです。この間、私ども言問学舎においてもオンライン授業を実施し、現実に塾の教室まで足を運ぶことのできないお子さんたちにも、オンラインで「本当の国語の授業」をお届けできる可能性を感じましたが、学校が本格的に再開された現在、いろいろな面でとまどっている子どもさん、保護者の方たちも多いことでしょう。

このような状況下においてこそ、「本当の国語力」が求められます。文章を読み、「考える」力、そして「表現する力」は、子どもたちの思考力を強くします。また心をも強くしますし、知識や技法を短期間に修得する形の勉強と異なり、月日が経っても、大人になっても生きる力、それが「本当の国語力」なのです。本書は小学2年生から4年生のお子さんを対象に、その「本当の国語力」をじっくり養っていただくための国語教材です。

まずは付属のＤＶＤを視聴しながら、本書の物語を一つずつ、読んで下さい。読み終えたら今度はお子さん自身が音読し（おうちの方といっしょでもかまいません）、それから読解シートと感想文を、書いてみましょう。すすめ方はこのあとにまとめてありますし、別冊の読解シート記述例・文例集も、活用して下さい。

では、たのしくて深い国語の世界へ、ようこそ。

◎勉強のすすめ方

1．作品を一つずつ、ＤＶＤの音読《おんどく》を聞きながら読んで下さい。文章だけ読んでもかまいませんが、一つ読み終わったら必ず、「読解《どっかい》シート」を書いて下さい。「シート記述例《きじゅつれい》」を参考《さんこう》にしてもかまいません。そして一度はかならず、じぶん自身が文章を音読して下さいね。

2．「読解シート」には、指定《してい》されている部分以外、「正解《せいかい》」は決められていません。あなたが感じ、考えたことを、すなおに書いて下さい。ここでは一つ一つの問いかけに対して「正解」を求めているのではなく、これらの問いかけに対して考えたことをまとめ、一つの作品についてのあなたの考えをせいりしていくための、「読解シート」です。

「シート記述例」に書かれている内容も、すべて小学生がそのようにして書いたものです。あなたの書いた答えが、すなわちあなたの「個性《こせい》」なのです。

3．「読解シート」を書き終え、「シート記述例」とくらべたら、巻末《かんまつ》の原稿用紙を使って、感想文を書きましょう。この場合も「文例」を参考にしてかまいません。

保護者のみなさまへ

本書は、「正解にたどりつく過程」を身につけるための教材ではありません。お子さんが、「自分で感じ、考えたこと」を表現するのをサポートする教材です。記述例や文例に沿っているかどうかではなく、お子さんらしい感じ方があらわれているかどうかで、書いた内容を見てあげて下さい。

もっちゃん3　おともだち

もっちゃんはおひっこししてから、仲良《なかよ》しのタヅくんと会えなくなってしまいました。パパが心配《しんぱい》して、時々むかしのおさんぽルートにつれて行きましたが、もともとやくそくをして会うような仲《なか》ではなく、おたがいおさんぽの時にばったり会って、

「よかったねえ。」

と飼《か》い主《ぬし》さんどうしが言い合うのがふつうでしたから、あてなく出かけて行って、会えることはなかったのです。

もっちゃんは、ちょっと変《か》わった子で、同じ犬の仲間《なかま》より、その犬をつれている人や、ねこが好《す》きです。あたらしくひっこしたおうちでのおさんぽコースでは、ひきがえるさんや白へびさんとも仲良《なかよ》しになりました（も

ちろん白へびさんは神社《じんじゃ》の神《かみ》さまのおつかいで、ほんとうのへびではありませんが)。でもなんといってもいちばんの仲良《なかよ》しは、とちゅうのおたくのかいだんのところにいつもすわっている、茶《ちゃ》トラのねこさんです。すこし年をとっているようです。

パパには聞こえない動物どうしの会話《かいわ》で、もっちゃんと茶《ちゃ》トラさんは、こんなことを話していました。

「こんばんは、茶《ちゃ》トラさん。」

「あんたはめずらしい白柴《しろしば》[注1]さんだね。としはいくつだい。」

「いま七才です。もうすぐおたんじょう日で、八才になります。」

「そうかいそうかい。まだまだこれからだねえ。おうちの人はやさしいかい?」

「ええ、パパがとってもやさしいんです。あたしの写真《しゃしん》をいっぱい撮《と》ってて、みんなに見せてるんですよ。」

「そういえば、この前《まえ》わしの写真《しゃしん》も撮《と》ってたねえ。たしかにやさしそうなパパさんだ。あんたは幸《しあわ》せだねえ。」

「でもこのごろ、みんなでおいしいものを食べてても、あたしにはくれないんですよ。みんないじわるになったんです。」

「いやいや、それが人に飼《か》われてる犬やねこの、幸《しあわ》せなところなんだよ。あんたのパパさんなんか、あんたに健康《けんこう》で長生《ながい》きしてもらいたいから、心を鬼《おに》にして、好《す》きなものを食べさせないようにしてるんだろう。人のそばで長く生きてきたわしには、よおくわかるよ。だから飼《か》われてる犬やねこは、長生《ながい》きができるんじゃよ。」

パパはもっちゃんが茶《ちゃ》トラさんと話している間、じゃまをしないように、気長《きなが》に待《ま》っていてくれます。もっちゃんと茶《ちゃ》トラさんがゆっくりおしゃべりを終《お》えて、もっちゃんが立ち上がると、パパは茶《ちゃ》トラさんに手をふって、あいさつしてくれました。

茶《ちゃ》トラさんと話したあと、もっちゃんはごきげんさんです。パパとおうちへ帰る道すがら、いつもより元気に、草むらの中のかえるさんをさがしたりします。茶《ちゃ》トラさんの長老《ちょうろう》[注2]のパワーが、もっちゃんに力をくれているのかも知れませんね。

注1　白柴《しろしば》・・・白っぽい柴《しば》犬のこと。赤っぽいと赤柴《あかしば》、黒っぽいと前《まえ》に出て来たタヅ君のように、黒柴《くろしば》とよばれるようです。もっちゃんは赤ちゃんのころはおもちのようにまっ白で、だんだん赤茶色《あかちゃいろ》の毛がふえて来たとも、言われています。

注2　長老《ちょうろう》・・・お年よりで、いろいろなことを知っていて、ときにふしぎな力を持っていたりする人（ここではねこ）のこと。

読解シート　もっちゃん3　おともだち

①おひっこしして、なかよしだったタヅくんに会えなくなったもっちゃんのことを、どう思いますか。

〈　　　　　　　　〉

②茶トラのねこさんは、どんなねこだと思いますか。

〈　　　　　　　　〉

③茶トラのねこさんのセリフで気に入ったものを書いて下さい。

〈　　　　　　　　〉

④気長に待ってくれているパパのことを、どう思いますか。

〈　　　　　　　　〉

⑤茶トラのねこさんと話したあと、もっちゃんがいつもより元気でごきげんさんなのは、なぜだと思いますか。

〈　　　　　　　　〉

⑥もっちゃんと茶トラのねこさんは、犬とねこなのになかよしのようです。ふたりのかんけいをどう思いますか。

〈　　　　　　　　　　　　　　　　　　　　　　〉

⑦思ったことを、かじょう書きにしてみましょう。

・
・
・

★シート記入と「シート解答例」とのチェックがすんだら、原稿用紙に感想文を書いてみましょう！

ゆめの山ざと3　声のブッポウソウ〈上〉

ある朝、おじいちゃんが明子ねえちゃんに言いました。

「さおりにコノハズクの声を聞かせてやろう。」

朝食の席が、しーんと静まり返りました。さおりはとなりにいる明子ねえちゃんの顔を見上げていますが、ほかのみんなは、だまっておじいちゃんの顔に視線《しせん》を集めています。さおりは、何のことかわからない上に、みんながとつぜん静《しず》かになってしまったので、ちょっと心配になって、明子ねえちゃんの袖《そで》を引きました。

「おねえちゃん、なんのこと。なにか私が、わるいことでもしたの？」

すると明子ねえちゃんは、いつもよりいっそうやさしくほほえみながら、さおりの肩《かた》に手をおいて言いました。

「ちがうのよ、さおちゃん。コノハズクっていうのはねえ、このあたりの有名な鳥のことなの。声のブッポウソウともよばれているわ。それに県の鳥にもなっているのよ。その鳥の声を、聞きにいきましょう、って。さおちゃんが考えていたいきもののプランにはないでしょうけど、そのことを書いたら、すてきないきもののけんきゅうになるかも知れないわね。」

さおりはとつぜん、思ってもみない鳥の話が出てきたのでびっくりしましたが、明子ねえちゃんの話に、なにかとてもひかれるものを感じて、もっとその鳥のことを知りたくなりました。

「ふうん、鳥の名まえなの。こ・の・は・ず・く?」

「そう、コノハズク。」

「ちょっと気になるかも。どんな鳥なの?」

ここで出てくるコノハズクとは、「声のブッポウソウ」とも呼《よ》ばれている鳥です。もうひとつ、「すがたのブッポウソウ」と呼《よ》ばれている鳥もいて、そちらの方が、図かんなどの見出しになる「和名《わめい》」では、ブッポウソウとされています。

ブッポウソウとは、「仏《ぶっ》・法《ほう》・僧《そう》」という仏教《ぶっきょう》の大事《だいじ》なところをあらわす言葉を「ぶっぽうそう」と読みならわした言い方で、さおりのおばあちゃんの家の近くにある鳳来寺山《ほうらいじさん》で、八十五年ほど前にコノハズクの声をラジオで実況放送《じっきょうほうそう》したことが、日本中にその名が知れわたるきっかけとなりました。また、それまでコノハズクが「声のブッポウソウ」であることはわかっていなくて、「すがたのブッポウソウ」がその声の正体《しょうたい》だと、考えられていたのです。しかし八十五年前のラジオ放送で、コノハズクが「ブッ、ポウ、ソウ」と鳴く鳥の正体だということがわかって、「声のブッポウソウ」、「すがたのブッポウソウ」という呼《よ》び方が、日本中に広まったのでした。

そのことを明子ねえちゃんに教わると、さおりはますますコノハズクに、会いたくなりました。そして明子ねえちゃんの顔を見上げると、大きな声でお願《ねが》いしたのです。

「わたし、コノハズクの声を、聞いてみたい。」

すると明子ねえちゃんより早く、おじいちゃんの声がひびきました。

「よし、さおりはえらい子じゃ。さっそく山小屋の予約をたのんで、準備《じゅんび》をしよう。」

その声を聞いて、さおりは明子ねえちゃんでなく、おじいちゃんにお願《ねが》いしなければいけなかったのかと気がついて、しまった、というように明子ねえちゃんの顔を見上げました。でも明子ねえちゃんはにっこり笑って、こう言ってくれたのです。

「ううん、いいのよ、さおちゃん。おじいちゃんはねえ、とにかく自分の好きな人に、コノハズクの声を聞かせたくてたまらないんだから。」

その言葉を聞くと、さおりは、自分もこのお父さんの育った家の一員になれたような気がして、うれしくなりました。そしてゆう気を出して、おじいちゃんに言ったのです。

「おじいちゃん、お願いします。コノハズクの声を聞きにつれていって下さい。」

ふだんはちょっとこわいおじいちゃんの顔が、見たこともないほどまるくなりました。

「うん、よしよし。みんなで行こう。お父さんもそれまでに、帰ってくればいいのになあ。」

さおりはこのとき、はじめてお父さんやお母さんのことを思い出しました。もうすっかりここの家の子になっていたような感覚《かんかく》で、東京《とうきょう》のおうちが恋しいなどという気持ちは、ここへ来てから三日目ぐらいには、すっかりなくなっていたのです。お父さんが来てくれたらたしかに楽しいだろうな。でもおじいちゃん、おばあちゃんや明子ねえちゃんたち、今この家にいる人たちだけで、コノハズクの声を聞きにいきたい。さおりはそんなことをちらりと思って、お父さんに悪かったかな、と思いました。

つづく

読解シート　ゆめの山ざと3　声のブッポウソウ〈上〉

①はじめのおじいちゃんの言葉のあと、自分がわるいことでもしたのかと思った、というさおりの気持ちをどう思いますか。

〈　　　　　　　　　　　　　　　　〉

②声のブッポウソウという鳥の名を、聞いたことがありますか。

〈　　　　　　　　　　　　　　　　〉

③その鳥にきょう味をしめしたさおりを、どう思いますか。

〈　　　　　　　　　　　　　　　　〉

④明子ねえちゃんを、どんな人だと思いますか。

〈　　　　　　　　　　　　　　　　〉

⑤コノハズクの声を聞かせたいおじいちゃんの気持ちを知って、うれしくなったさおりのことを、どう思いますか。

〈　　　　　　　　　　　　　　　　〉

⑥さおりが一度明子ねえちゃんにコノハズクの声を聞きたいと
言ったのに、ゆう気を出してもう一度おじいちゃんにお願い
したのは、なぜだと思いますか。

〈　　　　　　　　　　　　　　　　　　　　　　〉

⑦東京のおうちが恋しいと思わなくなっていたさおりのことを、
どう思いますか。

〈　　　　　　　　　　　　　　　　　　　　　　〉

⑧「お父さんが来てくれたら楽しいけど、ここの家の人たちと
だけでコノハズクの声を聞きにいきたい」と思ったさおりに
ついて、思ったことを書いて下さい。

〈　　　　　　　　　　　　　　　　　　　　　　〉

★シート記入と「シート解答例」とのチェックがすんだら、
原稿用紙に感想文を書いてみましょう！

ねこのまるちゃん3　まるのゆめ

「ゆめ」という言葉は、ちょっとふしぎな言葉です。かんたんに言って、二つの意味があります。わかりますよね。

ひとつはもちろん、ねている時に見る、たいてい楽しい、でもときどきはこわかったりもする、かわったものがたりのことですね。

そしてもうひとつは、たとえば夏休みにあんなことをしたい、お正月にお年玉をたくさんもらえたら、ゲームを買いたい、中学生になったらバスケ部に入って活躍《かつやく》したいといったような、これからの自分《じぶん》への希望《きぼう》をなにかの形にしたもののことを言います。「ぼく（わたし）のゆめは、大人になったら学校の先生になることです。」というようなもののことですね。

ねこのまるちゃんにも、あとのほうの「ゆめ」がありました。それはねこの世界《せかい》のだれもけいけんしたことのないような、旅《たび》をすることです。もともとまるは、のらねこでした。ですから今すんでいるおうちの中しか、知らないわけではありません。それにときどき、みけとちがって、おうちの外に出て遠くまでおさんぽして来ることもあるのです。もともとオスねことメスねこでは、行動半径《こうどうはんけい》（行動《こうどう》する広さ）が大きくちがう、とも言われています。

でもまるのゆめの「旅《たび》」は、おさんぽとか、ちょっと行動半径《こうどうはんけい》が広いとかいったこととは、ちがう意味を持っています。

まだみけが、おばあちゃんのおうちに来る前《まえ》、バスケットに入れられて、八ケ岳《やつがたけ》に行ったことがありました。またおうちの近くを、電車の線路《せんろ》が通っていて、ときどき電車の音が聞こえます。まるがしたいのは、そうやって遠くへ行く、旅《たび》なのです。

それからもうひとつ。近所の家の三毛おばさんは、大きなおやしきに住んでいて、そのおやしきの近くでは、どこでも出入り《ではい》自由のようでした。あるときまるがさんぽしていると、おやしきの近くのコンビニに、三毛おばさんが入っていくのが見えました。まるも二度ほど、のら時代に、コンビニに入って行ったことがあります。でも一度はほうきで追い回されて追い出され、一度はうしろから両わきのところをだきかかえられて、お外にはこび出されてしまったのです。

ところが三毛おばさんは、ねこが店内を一周して来るのにちょうどいい時間だな、と思えるくらい、時間がたってから、またゆうぜんとそのコンビニから出て来たのでした。

「あんなふうに、どこでも出入り《ではい》自由でゆうゆうとした身分《みぶん》になれたらいいなあ。」

これもまるちゃんの、目下《もっか》のところのゆめのひとつなのでした。どうやらまるちゃんは、おかあさんとおばあちゃんに大切《たいせつ》にされているいまのおうちが大好きなのですが、心のそこでは、自由《じゆう》にあちらこちらへ旅をすることのできるきょうぐうが、あこがれのようです。いつかまるのねがいがかなって、思うままに旅《たび》することのできる日が、めぐって来るのでしょうか。

読解シート　ねこのまるちゃん３　まるのゆめ

①「ゆめ」という言葉の意味を、あなたはどちらの方でいつも考えていることが多いですか。理由も書いて下さい。

〈　　〉

②まるちゃんの「ゆめ」について、どう思いますか。

〈　　〉

③コンビニに出入り自由の三毛おばさんを、どう思いますか。

〈　　〉

④「旅＝りょこう」について、思うことを書いて下さい。

〈　　〉

⑤ねている時に見た「ゆめ」で、ずっとおぼえていることを、書いて下さい。

〈　　〉

⑥まるちゃんはどうして、思うままに旅をしたいと思っているのでしょう。まるちゃんの気持ちをそうぞうして書いて下さい。

〈　　　　　　　　　　　　　　　〉

⑦自分の「ゆめ」を、かじょう書きにしてみましょう。

・

・

・

★シート記入と「シート解答例」とのチェックがすんだら、原稿用紙に感想文を書いてみましょう！

東京《とうきょう》の屋根《やね》の下 注1

みなさん、東京《とうきょう》がいつから「東京《とうきょう》」とよばれるようになったか、知っていますか。それは今から百五十年くらい前、正かくには、百五十二年前の、一八六八年、明治元年《めいじがんねん》とよばれた年のことです。

明治《めいじ》って、いつ？そう思う人も、いるでしょう。いまの令和《れいわ》の前が平成《へいせい》、その前が昭和《しょうわ》です。みなさんのお父さんお母さんは、昭和《しょうわ》生まれでしょうか、もしかしたら平成《へいせい》生まれの方《かた》も、いるかも知れませんね。では、昭和《しょうわ》の前の大正《たいしょう》は、知っていますか。そしてその大正《たいしょう》のもうひとつ前が、明治《めいじ》なんです。また、「元年《がんねん》」というのは、「一年」と同じ意味です。令和《れいわ》になった時、一年でなく元年《がんねん》というのでふしぎに思った人も、いるのではないでしょうか。

さて、明治の前の日本の国は、江戸《えど》時代でした。徳川家康《とくがわいえやす》が幕府《ばくふ》をつくり、そのあと日本の政治《せいじ》の中心は、それまでの京都《きょうと》から、いまの東京《とうきょう》、でも明治《めいじ》になるまで「江戸《えど》」とよばれた町に変《か》わったのです。

ところで、おじいちゃんやおばあちゃんから、「江戸《えど》」のことを教えてもらうことは、ありますか。もちろん、江戸《えど》時代に生まれた人は、もういませんね。今、七十代《だい》か八十代《だい》で、江戸《えど》の町や、明治《めいじ》、大正《たいしょう》のころのことを教えてくれるおじいちゃんやおばあちゃんがいる人は、いっぱいそのお話を、聞いて下さい。おじいちゃんやおばあちゃんが教えてくれる話ほど、ずっとあとになってから、「ああ、あのことを聞いておいてよかった」と思う話は、ありませんよ。

さあ、それでは今日は、もう少し近い時代《じだい》の、六十年ぐらい前《まえ》のお話をしましょう。もしかしたらこのあたりが、みなさんがちょくせつ、おじいちゃんおばあちゃんに聞く話かも知れませんね。

今から六十年前の東京《とうきょう》は、元気な町でした。みなさん、スカイツリーはよく知っていますよね。では東京《とうきょう》タワーは、ごぞんじですか。東京《とうきょう》タワーのできたのが、今から六十二年前の昭和《しょうわ》三十三年（一九五八年）のことでした。

そのころの日本は、せんそうに負け、立ち直《なお》ってから、かなり力を取《と》りもどしてきたころでした。東京《とうきょう》から大阪《おおさか》まで七時間半かかっていた特急列車《とっきゅうれっしゃ》が、六時間半で走れるようになり、さらにもう、そのころには、「新幹線《しんかんせん》」が作れたらそれが三時間にちぢめられるという計画《けいかく》が、すすめられていたのです。東海道新幹線《とうかいどうしんかんせん》が開業《かいぎょう》したのは、今から五十六年前の昭和《しょうわ》三十九年（一九六四年）、前回《ぜんかい》の東京《とうきょう》オリンピックにあわせてのことでした。

ほかにもありました。いま、日本の国の中（国内《こくない》）でつくられた飛行機《ひこうき》は、旅行《りょこう》する人を乗《の》せる旅客機《りょかっき》としては、飛《と》んでいません。でもそのころは、「日本の空に国産機《こくさんき》（自分《じぶん》の国で作った飛行機《ひこうき》）を飛ばそう」として熱心《ねっしん》に研究《けんきゅう》した人たちが、ついにＹＳ《ワイエス》―１１という飛行機を完成させ、日本だけでなく世界《せかい》の空に、羽《は》ばたかせました。このＹＳ《ワイエス》―１１がお客を乗せて飛んだのは昭和《しょうわ》四十年（一九六五年）のことでしたが、じょうぶな機体《きたい》でしたから、二〇一〇年代になっても外国では一部で飛んでいましたし、日本でも、航空自衛隊《こうくうじえいたい》の特別《とくべつ》な役目《やくめ》の飛行機《ひこうき》としては、今も飛んでいるほどです注2。

そのころの子どもたちの夢《ゆめ》は、何だったと思いますか。「プロ野球選手《やきゅうせんしゅ》」が多かったのは、いま「プロ」がつかない「野球選手《やきゅうせんしゅ》」や「サッカー選手《せんしゅ》」が多いのと、あまりちがわないかもしれません。「エンジニア」が少なくなったなどという調査結果もあるようですが、これにはほかの理由もありそうです。そして、大正《たいしょう》時代や昭和《しょうわ》のはじめのころには「末《すえ》は博士《はかせ》か大臣《だいじん》か」という言葉があったのに、そうした仕事《しごと》が「子どもたちの夢《ゆめ》」でなくなったことには、やはり何か理由があるのかも知れませんね。

では、みなさんの夢《ゆめ》は、何ですか？

今年は新型コロナウイルスのために、学校も長く休みになり、夏休みも短くなるなどどみなさんも大変な思いをしていますよね注3。そして、昭和《しょうわ》から平成《へいせい》、そして令和《れいわ》へと時代がすすんで来る間に、世の中も大きく変《か》わって、今の世《よ》の中は、六十年前にたくさんの夢《ゆめ》があった時代とは、だいぶちがってしまっているのかも知れません。

でもこのことを、おぼえていて下さい。人はみんな、しょうらいに夢《ゆめ》を持ち、そのために努力《どりょく》して生きていくことができるのです。みなさんには、どんな夢《ゆめ》がありますか。いろいろな夢《ゆめ》を持って、その夢《ゆめ》を実現《じつげん》するために、努力《どりょく》して下さい。その努力《どりょく》することそのものが、とても大事なことであり、いっしょうけんめい努力《どりょく》した人は、きっと大きな夢《ゆめ》を、かなえることができるでしょう。みなさんの夢《ゆめ》がかなう世《よ》の中でありつづけるよう、大人の私たちも努力《どりょく》をつづけます。

注1　『東京《とうきょう》の屋根《やね》の下』は、今から七十年ほど前にはやった、たいへん明るい、夢のある歌のタイトルです。

注2　今年令和二年（二〇二〇年）、最後の一機が引退《いんたい》すると言われているようです。

注3　令和二年（二〇二〇年）、区立中学の夏休みは八月一日〜二三日となりました。いつもの年は七月三一日〜八月三一日ですから、約半分《やくはんぶん》になってしまいましたね。

読解シート　東京《とうきょう》の屋《や》根《ね》の下

①平成よりも前の時代をいつまで知っていましたか。昭和、大正、明治などと書いて下さい。つながってないものはだめです。

〈　　　　〉

②江戸時代のことで、知っていることを書いて下さい。

〈　　　　〉

③前回の東京オリンピックのことを聞いたことがありますか。ある人はぐたいてきに（れいをあげて）書いて下さい。

〈　　　　〉

④新幹線とＹＳ－１１、どちらが気に入りましたか。

〈　　　　〉

⑤あなたの今の「夢」は何ですか。ぐたいてきに書いて下さい。

〈　　　　〉

⑥学校は、今、どんなようすですか。教室のじょうたい、時間割、お友だちのようすなどを、書いて下さい。

⑦努力（どりょく）することについて、じぶんの考えを書いて下さい。れいをあげると、書きやすいですよ。

〈 〉

★シート記入と「シート解答例」とのチェックがすんだら、原稿用紙に感想文を書いてみましょう！

ゆめの山ざと3　声のブッポウソウ〈下〉

さて、いよいよコノハズクの声を聞きに行く日になりました。さおりは、いつも家にいてどこかへ出かける時のように、朝出発するものだと思っていましたが、二、三日前に明子ねえちゃんに聞くと、おじさん（明子ねえちゃんのお父さん）が仕事《しごと》を早く終《お》わらせて帰ってくる土曜日の午後三時ごろから、出かけてゆくのだとわかりました。おじさんはさおりのお父さんのお兄さんですから、携帯《けいたい》のメールでさおりのお父さんにも連絡《れんらく》を取《と》ってくれましたが、お父さんはその土曜日の夜に、大事な仕事《しごと》があるのだということで、来られないことがわかりました。

さおりはお父さんに会いたくなっていましたから、ちょっとさびしい気持ちがしましたが、でも「コノハズクの声を聞きに行く」という冒険《ぼうけん》の意味《いみ》では、希望通《きぼうどお》りのようにも思いました。お母さんや妹のゆかりにも、会いたいとは思うのですが、いまはとにかくおばあちゃんのおうちになじんでしまって、はやくコノハズクの声を聞きたいと思う気持ちの方が強かったのです。夏休みの子どもたちには、よくあることかも知れません。

さおりは明子ねえちゃん、しげるにいちゃんに教えてもらったり、おばあちゃんの家にある、あまりむずかしくない本で調《しら》べたりして、コノハズクの声を聞きに行く土曜日までに、コノハズクのことをできるだけ調《しら》べてみました。

それでわかったことは、コノハズクはあまり大きくない、立っている時の体の高さが二〇センチくらいの鳥であること。フクロウの仲間《なかま》だけれど、頭のてっぺんの左右に耳のようなでっぱりがついている、「ミミズク」という部類《ぶるい》らしいこと。そして、鳴き声が、「ブッ、ポウ、ソー」と聞こえるらしいこと、などでした。

さおりがふしぎに思ったのは、「ブッ、ポウ、ソー」と鳴くという、コノハズクの声のことでした。そんな声で鳴く鳥が、いるのかしら。明子ねえちゃんに聞いてみたいと思ったのですが、でもコノハズクの声を聞きに行くことは、おじいちゃんをはじめ、自分のためにみんながじゅんびしてくれていることなのだから、行く前に聞いたりするのは悪いんじゃないか

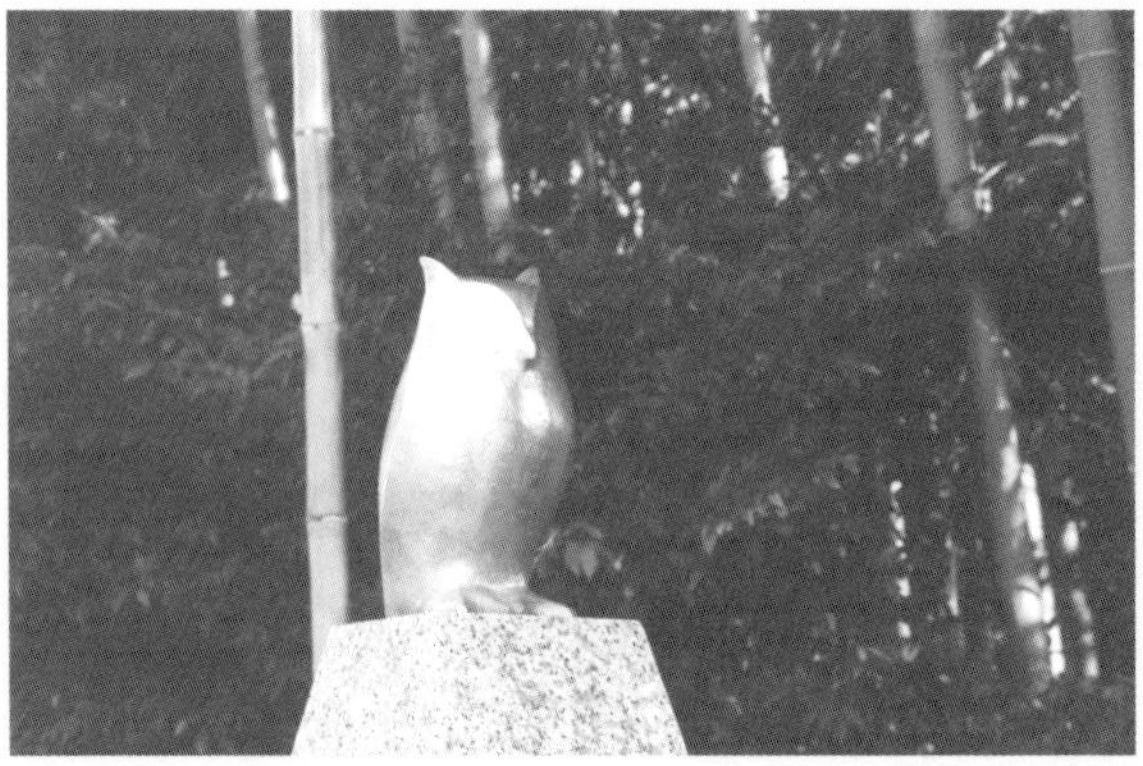

表紙の写真を撮影した橋のたもとにある、コノハズクのモニュメント。かわいらしいようすを、とてもよくあらわしています。

と、そんな気がして、けっきょく聞けなかったのでした。

さあ、土曜日になり、三時ごろに帰ると言っていたおじさんもお昼すぎにはもどって来て、みんなで車に荷物《にもつ》をつみこみ、山小屋へ行くしたくがととのいました。さおりはチャイルドシートがいらない年になったので、三列のシートがあるワゴン車の一番うしろに、明子ねえちゃん、しげるにいちゃんと一緒に乗《の》りました。ひいおばあちゃんとおばあちゃんは、るすばんです。そして明子ねえちゃんが、さおりに窓の外の景色《けしき》を見せるため、自分が真ん中にすわってくれました。

車はゆっくりすすみます。鳳来寺山《ほうらいじさん》から下りてきた道と合流《ごうりゅう》し、どんどん山の高い方をめざしていきます。しばらく行くと、郵便局《ゆうびんきょく》のところに「海老《えび》」という字が書いてあったので、さおりはふしぎに思って明子ねえちゃんに聞きました。

「ねえ、おねえちゃん。今の郵便局《ゆうびんきょく》のところに書いてあったの、海老《えび》っていう字でしょ。」

「あら、そうよ。さおちゃん、海老《えび》なんていう漢字が読めるの、すごいわねえ。」

「こっちへ来る前に生き物のことを調べてて、ぐうぜん・・・。それよりどうして、山の中に海老《えび》っていう名前があるのかしら。川にカニがいるみたいに、エビもいるの。」

「さあ、エビはどうかしら。しげる、川でエビ、取ることある?」

「いや、ここいらじゃあとんと、見たことねえけど、むかしはいたかも知れねえな。」

さおりはますます、「海老《えび》」という地名のことが気になりました。

「じゃあむかしエビが取れたから、海老《えび》っていう地名になったのかしら。そういうことってあるの、おねえちゃん。」

「うーん、どうかしらねえ。あたしたちはふだんあの辺が海老《えび》の集落《しゅうらく》だって、当たり前のように思ってるから、考えたこともなかったわ。今度、調《しら》べてみるわね。」

そんな話をしているうちに、車はもとの県道《けんどう》から、ずいぶんせまい道に入って来ていました。

「もうすぐよ、さおちゃん。」

やがて車はあまり広くない駐車場《ちゅうしゃじょう》へ入り、みんなで荷物《にもつ》を手分《てわ》けして持って、下りることになりました。さおりは明子ねえちゃんに言われて、お菓子《かし》やタオルの入った、大きいけどそんなに重くないふくろを、ふたつ両手《りょうて》に持ちました。ひとつでいいと言われましたが、何もしないのでは悪いと思ったからです。

山小屋に行く、と聞いていたので、さおりはものすごい山の上にある、小さな小屋だと思っていましたが、めざすのはちょっと見ただけではふつうの家と変《か》わらない、二階建ての建物でした。ただガスなんかはないので、おじさんとおばさん、それにあきこねえちゃんが、携帯《けいたい》コンロを使っていろいろと、晩《ばん》ご飯《はん》の工夫《くふう》をするそうでした。

さおりは明子ねえちゃんのそばにいて、お手伝いをしようと思っていましたが、しばらくするとおじいちゃんに呼ばれ、すぐ近くに山が見える縁《えん》がわに、すわらされました。おじいちゃんと二人きりで心ぼそい、と思ったのをわかってくれたのか、しげるにいちゃんもそばに来て、すわってくれました。

「さおり、ここならコノハズクの声が、聞けるかも知れんぞ。」

「はい。」

おじいちゃんのそばで、何を話したらいいのかわからず、さおりは小さくなって、山の上を流れてゆく雲の数を、かぞえていました。もうすぐ日が暮れるのか、鳥が山の方へ飛んでいくようすが、おうちへ帰るみたいだな、とさおりは思いました。

するとつぜんしげるにいちゃんが、左に首をふり耳に手を当てて、おじいちゃんの方を見ました。おじいちゃんも、きっと目を上げて、山の方をにらんでいます。

次のしゅんかん、さおりの耳にもはっきりと、ちょっと変《か》わった鳥の鳴き声が聞こえました。

「キョッ。ブッ、キョッ、コッ。」

さおりはおじいちゃんの顔を見上げます。おじいちゃんの顔はひきしまり、軽くうなずきながら、さらに耳をすませているようです。しげるにいちゃんが、さおりの顔を見ながら、「あれがそうだよ。」と小声で教えてくれました。

ブッ、キョッ、コッという声は、しばらくつづきます。しげるにいちゃんがそっと立って、奥へ行きました。しばらくすると明子ねえちゃんがそばに来て、さおりの肩をなでてくれます。

「さおちゃん、よかったわね。コノハズクに会えたわね。」

しずかな山の夕ぐれどきに、ブッ、キョッ、コッの声はしばらくくり返され、やがてどこかへ、遠ざかって行きました。


晩ご飯のとき、さおりはおじいちゃんに聞かれました。

「さおり、どうだったかな。コノハズクの声は。」

「うん、とってもふしぎで、でもなつかしい感じの声でした。」

するとおじいちゃんの細《ほそ》い目が、ますます細《ほそ》くなりました。お酒を飲《の》む手つきも、満足《まんぞく》そうです。

「でもおねえちゃん、わたしふしぎに思ったの。」

明子ねえちゃんが、しんけんな、でもちょっとおどけた調子で答えます。

「なあに、さおちゃん。あまりむずかしいことは、おじいちゃんかおじさんに答えてもらうわよ。」

「ええと、あの、いいのかなあ。わたしには、コノハズクの声、ブッ、ポウ、ソーとは、聞こえなかったの。それなのにどうして、声のブッポウソウと言われるようになったのか、それがふしぎで。」

明子ねえちゃんは、ちょっと困ったようにおじいちゃんとお父さんの方を見ました。おじいちゃんはふっ、ふっ、ふっ、と笑い出し、かわりに明子ねえちゃんのお父さん、つまりさおりのおじさんが、まじめに答えてくれました。

「さおりちゃん、いいことに気がついたね。たしかにこの辺でもみんな、あの声をブッ、ポウ、ソーとは、思ってないんだよ。だいたいよく言うのは、ブッ、キョッ、コッていうところかな。ただね、あの山の向こうが、鳳来寺山《ほうらいじさん》と言って、むかし、利修上人《りしゅうしょうにん》というえらいお坊《ぼう》さんが、お寺をひらいたんだ。そして仏教《ぶっきょう》の大事な三宝《さんぽう》をあらわす、仏《ぶつ》、法《ほう》、僧《そう》をまとめて『ブッポウソウ』という、そんなところへ、鳥の声をあてはめたんじゃないのかな。」

明子ねえちゃんも、つづけて教えてくれます。

「鳳来寺山へ登るところに、少し前までは高校があったのよ。それから、自然科学博物館《しぜんかがくはくぶつかん》もあって、コノハズクやいろいろな生き物のことを、勉強できるの。ちょっともう、時間がないかもしれないけど、じゆうけんきゅうのまとめが早くできたら、行ってみる？もっとくわしく、わかるかもしれないわよ。車で行くしかないから、あたしからおばさんにたのんであげるわ。」

「ふうん。そうなんだ。おじさん、おねえちゃん、ありがとうございました。」

さおりはちょこんと、頭を下げました。おじいちゃんはにこにこしながらお酒を飲《の》んで、楽しそうです。明子ねえちゃんの声がひびきました。

「じゃあ、これでさおちゃんにコノハズクの声も聞いてもらったし、みんな安心ね。あたしも今夜から安心して、受験勉強にはげみます。さおちゃん、明日おうちに帰ったら、じゆうけんきゅうにコノハズクのことを書くの、手伝ってあげるわ。」

「ありがとうおねえちゃん。よろしくおねがいします。」

いつか外はすっかり暗くなっていて、虫の声も聞こえています。さおりは夏休みに一人でここへ来て、本当によかったと思いました。東京《とうきょう》へ帰らないで、ずっとここにいたい。そんなふうに思うさおりを、山の中からコノハズクが、じっと見つめているようでした。

おわり

読解シート　ゆめの山ざと3　声のブッポウソウ〈下〉

①さおりはなぜ、お父さんが来られなくてさびしく思うよりも、コノハズクの声を聞く冒険の方がよかったのだと思いますか。

〈　　　　　　　　　　　　〉

②さおりのように、本で何かを調べることがありますか。

〈　　　　　　　　　　　　〉

③コノハズクを、どんな鳥だと感じましたか。

〈　　　　　　　　　　　　〉

④コノハズクの声を、聞いてみたいと思いましたか。

〈　　　　　　　　　　　　〉

⑤コノハズクが「ブッ、ポウ、ソー」と鳴くことを、さおりはふしぎに思いました。あなたはどう感じましたか。

〈　　　　　　　　　　　　〉

⑥「海老（えび）」という地名をふしぎに思って明子ねえちゃんに聞いたさおりを、どう思いましたか。また、自分で同じようなぎもんを持ったことがありますか。

〈　　　　　　　　　　　　　　　　　　　〉

⑦コノハズクの声が聞こえたあと、しげるにいちゃんが奥へ行き、明子ねえちゃんと代わりました。なぜだと思いますか。

〈　　　　　　　　　　　　　　　　　　　〉

⑧さおりはおばあちゃんのうちに一人で来て、コノハズクの声も聞いて、すっかりそこの家の子になってしまったようでした。最後のところのさおりの気持ちを、どう思いますか。

〈　　　　　　　　　　　　　　　　　　　〉

★シート記入と「シート解答例」とのチェックがすんだら、原稿用紙に感想文を書いてみましょう！

もっちゃん4　だいこうぶつ

もっちゃんは、おうちの中で飼《か》われています。もちろんふだんのごはんはドッグフードですが、「外飼《そとが》い」のわんちゃんたちのように、ドッグフードだけをお皿《さら》にのせてもらう食生活《しょくせいかつ》ではありません。おうちの中でドッグフードを食べていても、パパやママ、おねえちゃんやおにいちゃんたちが、そばでいっしょにごはんを食べていることも多いのです。家《か》ぞくといっしょにごはんを食べるわんちゃんのすがたは、とてもしあわせそうですね。

でももっちゃんには、いえそれよりもたぶんパパたちには、ちょっと困ったことがありました。もっちゃんはもともと食いしんぼうなので、パパたちが食べているいろいろなものを、ほしがるのです。かわいいもっちゃんにおいしいものを食べさせてあげたいという気持ちはたくさんあるのですが、それであまり食べすぎて、太ってしまっては、わんちゃんの健康《けんこう》じょうたいとして、いいことではありません。そのためパパは、時には心を鬼にして、もっちゃんにおいしいものをあげなかったり、そっとかくしたりするのでした。

ある時、こんなことがありました。遠くからおいしそうな柿をたくさん送って来て、テーブルの上に置いてあったのです。夜おそく帰って来たパパが、お酒のあとにのどをうるおしたいと思って、一人で皮をむいていました。もうみんなねています。さっと柿を食べて、自分も早くねようと思ったパパが、くるくると柿の皮を、むき終えたときです。

ふとパパは、だれかのけはいを感じました。家《か》ぞくが起き出したような音は、していません。気のせいかな、と思ったパパが、柿を四つに割って、その一つを口に入れようとしたときです。

またパパの背中にささった、だれかの視線《しせん》。パパは今度はぴんと来て、ななめうしろの、となりの部屋との境《さかい》に目をやりました。

するとやっぱり。そこにはもっちゃんがぺろりと舌を出して、うれしそうに、また柿の実を食べたそうに、ハアハアと言いながらおすわりしていたのでした。

「ああっ、しまった。」

パパは背すじから、すーっと血の気《ちけ》がひいていくようでした。この間もっちゃんの体重はラインをこえていたから、食べさせるわけにはいかない。でも子犬のとき、よく熟《じゅく》した柿の実をほんの少し食べさせたことがあり、もっちゃんはそのあまさが、すっかりお気に入りになっていたのです。夜おそく帰って来たから、もっちゃんもねているものだと思いこんで、うっかりよく見えるところで、柿の実をむいてしまった。ここはもう、自分も今夜の柿の実は、あきらめるしかない・・・。

パパはだまって、柿の実をのせたお皿をラップでくるむと、冷ぞう庫にしまいました。そしてもっちゃんをいっしょにねどこに連れていき、水を一ぱいだけ飲んで、もっちゃんといっしょにねたのでした。

そう、もっちゃんのだいこうぶつの一つに、秋の食卓《しょくたく》をいろどり、とてもあまくてみんなをむちゅうにさせてしまう、柿の実がありました。むかしむかし、砂糖《さとう》が高級品《こうきゅうひん》であまいものがなかなか口に入らないころ、柿の実のあまさが、「あまさ」の代表《だいひょう》だったのだと言います。もっちゃんは、小さいときからそんなおいしいもののことを、よく知っていたのですね。

読解シート　もっちゃん4　だいこうぶつ

①もっちゃんが、家ぞくといっしょにごはんを食べていることをどう思いますか。

〈　　〉

②もっちゃんが食いしんぼうなのを、どう思いますか。

〈　　〉

③心を鬼（おに）にするパパを、どう思いますか。

〈　　〉

④パパはなぜ、夜おそく帰って来たのでしょう。

〈　　〉

⑤もっちゃんの視線（しせん）を感じたパパのようすを読んで、どう思いましたか。

〈　　〉

⑥もっちゃんに見つかってしまったために、その夜柿を食べるのをあきらめ、水を飲むだけにしたパパを、どう思いますか。

〈　　　　　　　　　　　　　　　　　　　　〉

⑦思ったことを、かじょう書きにしてみましょう。

・
・
・

★シート記入と「シート解答例」とのチェックがすんだら、原稿用紙に感想文を書いてみましょう！

国語が好きになるひけつ－短歌と俳句

小学校三年生の国語の教科書で五・七・五の俳句、そして小学校四年生の国語の教科書で、五・七・五・七・七の短歌を勉強します。短歌は千三百年以上むかしからうたわれて来た古い詩形で、それだけに多くの人の心をつかみ、親しまれています。広く親しまれているのは、俳句も同じです。

菜《な》の花や月は東に日は西に　与謝蕪村《よさぶそん》

東《ひんがし》の野にかぎろひ《（い）》の立つ見えてかへ《（え）》り見すれば月かたぶきぬ　柿本人麻呂《かきのもとのひとまろ》

どちらも、夕方と朝早くに、東の空と西の空に見える天体（太陽＝日光と月）を対比《たいひ》し、大きな情景《じょうけい》をうたった秀句《しゅうく》、秀歌《しゅうか》です。

短歌、俳句を含め、「詩」というものはその形でしか表せない何かを、端的《たんてき》に伝えてくれる言葉の宝《たから》です。この「詩」を味わうことで、ぐっとつかめるものがあります。また、短歌や俳句を自分でも、つくってみましょう。

むずかしく考えることはありません。また、「短歌は長いから俳句の方がかんたん」と思う小学生も多いのですが、意外とそうでもないんですよ。

特に、自分の気持ちをたくさん歌いたいときは、短歌の五・七・五・七・七の方が、気持ちを表す言葉を十分に盛《も》り込めます。俳句は短歌以上に、余分なことを言わず、ものごとの本質を短い五・七・五で言い切るような、そんな違《ちが》いがあります。

まずは自分が何を歌いたいかを決め(夏休み、プール、かぶとむし、海水浴、すいかわり、アイスクリームなどなど)、その言葉と、それに対しての気持ちを、それぞれ五音か七音の言葉にしてみましょう。これが決まれば、あとはどうやってつなげ、ほかの言葉と組み合わせるかを考えることで、短歌(または俳句)ができるはずです。

まずは短歌や俳句を作ってみることから、はじめて下さい。言問学舎にはがきで送って下されば、きちんと添削《てんさく》をしてお返しします(無料)。自分の名まえと、返送先の住所を忘れないように書いて下さい。メールでもかまいません。

ねこのまるちゃん4　おひるね

「ねこ」ということばがどうやってできたか、知っていますか。いくつか説《せつ》があるようですが、よく「寝《ね》る子」だから「ねるこ」をちぢめて「ねこ」となったのだという話が有力《ゆうりょく》で、気持ちよさそうに寝《ね》ているようすを見ると、「ほんとうにそうだなあ」などと思ってしまうことが、よくあります。みなさんはどうですか。ねこが昼間《ひるま》、いろいろなところで寝ているのを、見たことがありますか。

ねこちゃんたちは昼間ほんとうによく寝ているので、二十四時間ずっと寝ているのかと思う人も、いるようです。しかし本当のねこは夜行性《やこうせい》だとよく言われるぐらいですから、夜の間に行動していることも、多いんですよ。また、そのためか、朝も早起《はやお》きで、家でねこを飼《か》っていると、朝早くからおなかをすかせたねこちゃんが、だーっと走り回ったり、ぺろぺろと顔をなめて来たり、するそうです。

さて、まるちゃんとみけちゃんは、夜の間《よるあいだ》、どうしているのでしょう。やはりおうちで飼《か》われていますから、夜中《よなか》に外へ出て行ったりは、しないようです。また、今はおかあさんががんばって、おとなりのおばあちゃんのおうちもいっしょうけんめいそうじしていますから、ねずみが出て来るということも、たぶんないでしょう。ただ、もしねずみが家の中にいたりしたら、まるちゃんののらねこの本性《ほんしょう》がばくはつして、大変なことになるかも知れませんね。その時は、本当のかりのようになるのではないでしょうか。もちろんおかあさんは、ねこがねずみを取るところ、取ったねずみのどちらも、苦手《にがて》に決まっています。その意味でも、まるちゃんの夜の大かつやくは、あまりない方がいいのでしょうね。

かわりにまるちゃんとみけちゃんが、おかあさんやおばあちゃんにいつも見せていて、ふたりが目を細めているのは、おひるねです。たいていは、みけの方が先にねて、よりそうようにそばにいるまるが、だんだん大きなあくびをしはじめ、いつのまにかねむりに落ちていくというパターンです。でもときどきはまるがぐっすりねこんでいて、みけちゃんが遊びをねだることもあります。そんな時も、ほとんどのばあいまるはおにいちゃんねこですから、ねむそうな目をぱちりと開けて、みけのあいてをしてあげます。ただ、あまり深《ふか》くねむっているときは、ねこの特技《とくぎ》であるしっぽのダンスで、目をさますことなくみけをじゃらしていることもあるんですね。

ある時、こんなことがありました。この日もめずらしくまるがぐっすりねこんでしまい、みけがごろごろのどを鳴らしても、前足で背中のあたりをちょんちょんつっついても、まるはまったく目をさましません。この時は、しっぽのダンスさえなかったので、みけは一人で、しょげていました。おにわのベランダの下のしばふです。ひらひらちょうちょがとんで来たので、みけは思い切りジャンプして、つかまえようとしましたが、あとちょっとのところで、にげられてしまいました。すぐ近くでとんだりはねたりしているのに、それでもまるにいちゃんは、おきてくれません。

みけがしかたなく、まるのそばではこずわりをして、自分もねようとしたときです。みけはふと、じっとこちらをにらんでいる、オスねこの視線《しせん》に気がつきました。おばあちゃんのおうちとのさかいのかきねのところから、ときどき見かけるキジトラの大きいねこが、いやな目つきでみけを見つめているのです。

みけはすぐ、ぐるる、とうなって、まるにきけんを知らせました。でもまるは、まるで気がつくようすもなく、いびきをかいてねむったままです。みけは、自分がキジトラを追いはらわなければ、と覚悟《かくご》を決めました。でもキジトラは、まると同じくらい大きいのです。そしてまるがおきないのをわかっているかのように、じり、じりと近づいて来ます。みけは、ねているまるにいちゃんがひっかかれたりしないように、自分がまるの前に出て、しっぽを立て、背中を丸くして思い切り足を伸ばして立ち、せいいっぱいの声でキジトラをいかくします。

「にゃわわわん、にゃわわわわん。」

でもいかくするというよりは、こわくてふるえているような声に、なってしまいました。キジトラはずんずん近づいて来て、今にもみけに、とびかかりそうになりました。

と、その時です。みけのうしろでなにかが動くけはいがしたかと思うと、まるがものすごいいきおいで飛び出して来て、キジトラに体当たりし、はじきとばしました。さらにおさえこもうとしたところで、キジトラはめちゃくちゃに前足をふりまわし、たいせいをととのえて、かん高い声でギャーッと鳴きながら、逃げ出して行きました。

まるはキジトラを追いはらうと、みけのところへもどって来て、みけの首のうしろをぺろぺろなめ、それからまた、もとのしせいにもどって寝てしまいました。

みけはお礼をしたかったのに、はぐらかされてしまいました。でもまるにいちゃんの強さ、やさしさに、うっとりしてしまいました。そしてこんどは、みけもすっかり安心し、まるのおなかに頭をのせて、くうくうとおひるねタイムに入ったのです。

おうちの中では、ねこのあらそう声を心配して見に来たお母さんが、おばあちゃんの方をふりかえって言いました。

「よかったわ、お母さん。うらのキジトラが入って来てたけど、まるが追っぱらったみたい。ふたりでなかよく、おひるねしてるわ。」

「おやおや。まるはほんとに、守り神みたいだねえ。」

まるのおなかに顔をうずめるみけちゃんは、お父さんにだかれてねむるおさなごのように、幸せいっぱいの顔をして、ねいきを立てていました。

読解シート　ねこのまるちゃん４　おひるね

①「ねこ」という言葉が「ねる子」からできたという話を聞いたことがありましたか。また、信じますか。

〈　　　　〉

②ねむっているねこのすがたを、見たことがありますか。

〈　　　　〉

③まるがねずみとりをしたら、どんな感じだと思いますか。

〈　　　　〉

④まるがしっぽのダンスでみけをじゃらすのをどう思いますか。

〈　　　　〉

⑤まるがおきないので、ひっしに一人でキジトラを追いはらおうとしたみけのことを、どう思いましたか。

〈　　　　〉

⑥いよいよというときにとび出して、あっという間にキジトラを追いはらったまるのことを、どう思いますか。

〈　　　　　　　　　　　　　　　　　　〉

⑦思ったことを、かじょう書きにしてみましょう。

・
・
・

★シート記入と「シート解答例」とのチェックがすんだら、原稿用紙に感想文を書いてみましょう！

おじぞうさまはここに

日本海にのぞむ丹後《たんご》の国は、今の京都府《きょうとふ》の一部《いちぶ》です。

その丹後《たんご》のある村に、一人の年とった尼僧《にそう》注1が住《す》んでいました。この尼僧《にそう》は、たいそう信心《しんじん》ぶかい注2人でした。毎日明け方《がた》におじぞうさまが村を歩き回るといううわさを聞いて、ぜひそのおじぞうさまに会ってみたい、おがんでみたいとねがっていて、毎朝くらいうちから自分も村じゅうを、歩いていたのです。そのことを聞きつけた、近所《きんじょ》に住《じゅう》むちょっと心がけのよくない男が、あることを思いつきました。

男はぐうぜん、尼僧《にそう》に出会ったふりをして、たずねました。

「これはこれは庵主《あんじゅ》さま、こんな時間に、何をしておいでですか。」

信心《しんじん》ぶかい尼僧《にそう》は、人をうたがうということも知りません。

「いえ、ありがたいおじぞうさまが今時分《いまじぶん》いつも村の中を歩いていらっしゃると聞いて、ぜひ一度はおがんでみたいと思って、さがしているのです。」

男は、わざとらしくひざをたたいて言いました。

「おや、それはよいところでお会いしました。そのおじぞうさまのおわす[注3]ところなら、わたくしがよく知っております。ごあんないいたしましょうぞ。」

尼僧《にそう》は、おじぞうさまに会えるというので、天にものぼる気持ちになってしまいました。

「これはこれは。ありがたや。さておじぞうさまは、どこにおわすのでしょう。」

「なに、なんのことはない。すぐそこの太郎《たろう》さんの家ですよ。ところで、何か案内料《あんないりょう》など、いただけるものはありましょうや。」

これが心がけのよくない男の、たくらみだったのです。でも尼僧《にそう》は、おじぞうさまにひと目会えるならそれだけでいいと思っていましたから、にこにこしながら答えました。

「ええ、ええ。おじぞうさまにお目にかかれるなら、この袈裟《けさ》をさしあげましょう。」

袈裟《けさ》というのは、お坊《ぼう》さんが一番上に着ている衣《ころも》のことで、尼僧《にそう》のまとっている袈裟《けさ》は、古《ふる》びてはいるもののかなり上等《じょうとう》なもののようでした。

「では、まいりましょう。なに、私は太郎《たろう》さんとは心やすいので。」

言うなり男は、どんどん太郎《たろう》さんの家へ入って行きます。尼僧《にそう》はあまりにも身近《みぢか》なところにおじぞうさまがいらっしゃるというのでびっくりしながらも、ありがたやありがたやという思いで胸《むね》がいっぱいになって、あとをついて行きました。

「こんちは、太郎《たろう》さん。じぞうはいるかい。」

男は声をかけながら、太郎《たろう》さんの家の土間《どま》へ入りました。そこは祭《まつ》りの人たちが集まることもあるので、かなり広く、神さまをまつる棚《たな》なども作ってあります。

太郎《たろう》さんは、男が尼僧《にそう》といっしょに入って来たのでふしぎそうな顔をしながら、答えました。

「いや、じぞうなら、今ちょっとくわがたを取りに出ましただ。」

そう、じぞうとは、この家の男の子の名前だったのです。男は尼僧《にそう》のほうをふりかえり、腰《こし》をひくくして言いました。

「いかがで、庵主《あんじゅ》さま。たしかにじぞうさまのおわすところへ、おつれしました。」

尼僧《にそう》はすでに、ありがたくおじぞうさまをおがんでいるかのように、手をすりあわせていましたが、その言葉にうん、うんとうなずくと、まとっていた袈裟《けさ》を男に与えました。男は袈裟《けさ》を受けとると、ものも言わずに太郎《たろう》さんの家を出て行きました。

こまったのは、太郎《たろう》さんと奥《おく》さんです。朝早くから、顔なじみの心がけのよくない男が庵主《あんじゅ》さまをつれて来て、その庵主《あんじゅ》さまはと言えば、小さな声でお経《きょう》をとなえながら、涙《なみだ》を流《なが》さんばかりにして、土間《どま》にしゃがんでいるのです。

そこへにぎやかな足音がして、子どもが土間《どま》へかけこんで来ました。

「これ、じぞう。あんばいはどうじゃった注4。」

太郎《たろう》さんが子どもに声をかけると、尼僧《にそう》はいよいよ、ひれふすように男の子のそばににじり寄《よ》り、一心《いっしん》におがんだのでありました。

じぞうと呼《よ》ばれた男の子は、手に木の枝《えだ》を持っていました。その枝《えだ》で、なんとはなしに自分《じぶん》のおでこのあたりをたてにひとすじ、ひっかいたのです。

するとどうでしょう。男の子のひたいがぱっくりと裂《さ》け、中から金色《きんいろ》にかがやくおじぞうさまが、姿《すがた》をあらわしなさいました。

尼僧《にそう》は感《かん》きわまってお経《きょう》をとなえつづけ、そのままそこで、生きぼとけさまになったのだと言います注5。

どのようなかたちであっても、一心《いっしん》に信心《しんじん》すると、神仏《しんぶつ》へのねがいはとどくのだということを、このお話はつたえて来ました。

（原典『宇治拾遺物語《うじしゅういものがたり》　上一六　尼《あま》、地蔵《じぞう》を見奉《みたてまつ》る事』）

注1　尼僧《にそう》・・・女性《じょせい》のお坊《ぼう》さんのこと。

注2　信心ぶかい・・・まじめに、深く神さまや仏《ほとけ》さまを信じ、お経をよんだり、祈りをささげたりすること。

注3　おわす・・・いらっしゃる。

注4　あんばいはどうじゃった・・・調子はどうだったか、ということ。ここでは、クワガタはうまく取れたか、ということを聞いているのです。

注5　生きぼとけさまになる・・・信心《しんじん》ぶかいお坊《ぼう》さんが、食べものを食べずに水だけ飲んでお経をとなえつづけ、そのままあの世に行って、ほとけさまになることがあると言います。即身仏《そくしんぶつ》などというのが、生きぼとけさまになることです。
このお話の尼僧《にそう》の場合、見るからにあやしそうな心がけのよくない

男の案内や、太郎さんの家の子どもの名前が「じぞう」だということなどにまどわされず、ただひたすらおじぞうさまに会いたいとねがい、信じていたので、その心がほとけさまに通じたのだと思われます。

読解シート　おじぞうさまはここに

①丹後（たんご）のある村で、毎朝早くおじぞうさまをたずねて歩いていた尼僧（にそう）のことを、どう思いますか。

〈　　〉

②「心がけのよくない男」登場の時、どう思いましたか。

〈　　〉

③尼僧は「男」に対してどうすればよかったと思いますか。

〈　　〉

④「案内料」を求める「男」のことを、どう思いましたか。

〈　　〉

⑤「男」が言う「じぞう」とは、太郎さんの家の子どもの名前でありました。どのへんからあやしいと思いましたか。

〈　　〉

⑥尼僧（にそう）は、「じぞう」という名のその家の子どもが帰って来ただけなのに、うたがうことをせずにただひたすらおがみました。そのことをどう思いますか。

〈　　　　　　　　　　　　　　　　〉

⑦尼僧（にそう）は太郎さんの家の土間で、お経をあげながら、生きぼとけになりました。そのことをどう思いますか。

〈　　　　　　　　　　　　　　　　〉

⑧古くからのこのお話を、「おじぞうさまはここに」としましたが、つまりおじぞうさまがおわす「ここ」とは、どこなのだと思いますか。

〈　　　　　　　　　　　　　　　　〉

★シート記入と「シート解答例」とのチェックがすんだら、
原稿用紙に感想文を書いてみましょう！

あとに

本書は、現在の子どもたちに強く求められながら、もっとも欠けているとも言われる「文章を読み、考え、記述する力」、すなわち「読解力と表現力」を根底から養成することをねらいとし、もっとも本質的な「国語力」を多くの子どもたちにつけてもらうために、東京《とうきょう》都文京区で国語力に定評のある学習塾「言問学舎」を経営する小田原漂情が、十七年をこえる「音読と読解・表現の講座」における実践の成果をもとに、開発したものです。

言問学舎で、この形式の国語の勉強を一定期間以上受けた生徒には、ほぼ例外なく、次のような効果が見られました。

・苦手またはきらいだった国語の授業を「楽しい」というようになった。
・平均2、3か月で、200字×3枚程度の作文が、楽に書けるようになった。
・大半の子は国語の成績がぐんと伸び、他の教科にも波及した。

この巻は、小学2年生～4年生の「中・低学年」を対象にしています。近い将来のこととして、「中学受験」との関係も出て来ますが、一般的な私立中入試のための三大模試の成績を見ても、5年生から受験用の問題集を中心に指導した子よりも、4・5年生で「音読と読解・表現の講座」の授業をしっかり受けた子の方が、6年秋の模試の成績が良いという結果が出ています。

とうぜん、中高一貫校適性検査型の300字～500字記述という問題も、本書で書くことに慣れていれば、「必要な字数を書く」ことに関しては、苦にしないようになるでしょう。近年は読み取り・要約のウェイトが高くなっていますから、適性検査の長文記述のすべてをカバーするものではありませんが、その基本である読み取りに関しても、本書での勉強が骨格となるはずです。

来年一月から実施される「大学入学共通テスト」で直接記述する問題が出題されないことは決まりましたが、「文を書いて解答する」設問はなくなっても、読みとる内容としてそれに近いものが出題されることは、予測できます。本書で学ぶことは、小学生の段階から、同テストほかさまざまな局面で求められていくはずの「思考力」、「判断力」、「表現力」を、じっくり養っていくものであります。

本書のいま一つの特徴は、国語＝読解に対して、「心」からのアプローチを、ねらいとしていることです。そしてそのもとは、「音読」にあります。音読によって楽しく文章を読むことが、子どもたちを国語の世界にひきこむ最初のとっかかりであり、さらに、言葉そのものが有している「ひびき」（音韻）と「心」とが共鳴して体感的にも「国語」がわかっていくところに、国語を勉強することの、面白さと深さがあります。本書を通して「心」が動き、言葉のひびき（音韻）の魅力の一端にふれることのできたお子さんたちは、国語が好きになり、力を伸ばしてくれることでしょう。

自分が読み、考えたことを、自分でたしかめ、組み立てていくこと。それがこれからの時代に必要とされる、「自ら考え、学ぶ」力です。本書はそのことの入り口を切りひらき、さらに国語の力をはぐくむ、子どもたちのための教材です。

一人でも多くのお子さんが、国語を好きになり、国語の力と、自ら考える力を身につけ、伸ばしていって下さることを願ってやみません。

言問学舎舎主　小田原漂情

令和二（二〇二〇年）年七月六日

小田原漂情 略歴・筆歴

1963年（昭和38年）2月、東京都杉並区生まれ。

1981年（昭和56年）3月、神奈川県立厚木高校卒業。

1985年（昭和60年）3月、明治大学文学部文学科卒業、日本文学専攻。卒業論文は若山牧水をテーマとした「若き日の恋愛がいかに人の生涯に影響を及ぼすか－『路上』の時代まで」。


1985年（昭和60年）4月～1988年（昭和63年）3月　株式会社泉郷勤務。

1988年（昭和63年）4月～2000年（平成12年）8月　株式会社文理勤務。

2003年（平成15年）6月　言問学舎を創業　現在に至る。

文学サイト『美し言の葉（うましことのは）』、短歌結社「桜草短歌会」主宰。

1988年（昭和63年）歌集『たえぬおもひに』
1991年（平成3年）歌集『予後』
1992年（平成4年）エッセイ集『遠い道、に灰田先生』
1993年（平成5年）歌集『Ａ・Ｂ・Ｃ・Ｄ』
1997年（平成9年）歌文集『わが夢わが歌』（私家版。小田原明子と共著）
1998年（平成10年）歌集『奇魂・碧魂』
2000年（平成12年）『小説　碓氷峠』
2000年（平成12年）『小説 呼子谷／花祭りと三河紀行』
2014年（平成26年）小説『遠つ世の声』（電子書籍版）
2014年（平成26年）『小説 碓氷峠』（電子書籍版）
2014年（平成26年）『小説 鉄の軋み』（電子書籍版）
2015年（平成27年）物語集『漂情むかしがたり』（電子書籍版）
2015年（平成27年）小説『海の滴』（電子書籍版）

言問学舎　略歴

2003年（平成15年）6月、小田原漂情が文京区本郷6丁目にて創業。

2004年（平成16年）11月より有限会社言問学舎とする。

2007年（平成19年）3月より現在地。
※国語指導に強い特色を持ちながら、総合学習塾として綿密な受験指導を行なうことに定評がある。近年は中学・高校・大学受験全般の中で、公立中高一貫校受験における適性検査や都立高校推薦入試での小論文・作文および個人面接・集団討論などの指導に強さを発揮している。
2019年（平成31年）4月　『国語のアクティブラーニング　音読で育てる読解力　小学５年～中学２年対応１』を刊行。

2019年（平成31年）6月　『国語のアクティブラーニング　音読で育てる読解力　小学２年～４年対応１』を刊行。

2019年（平成31年）10月　小田原漂情編著『文語文法の総仕上げ』を刊行。

言問学舎舎主・小田原漂情の本

※「絶版」「非売品」以外は言問学舎でご購入いただけます

◇紙の本

歌集『たえぬおもひに』1988年（昭和63年）５月画文堂版　絶版

歌集『予後』1991年（平成３年）６月画文堂版

本体1942円＋税

エッセイ集『遠い道、竝に灰田先生』1992年（平成４年）１０月画文堂版

本体1165円＋税

歌集『Ａ・Ｂ・Ｃ・Ｄ』1993年（平成５年）６月画文堂版

本体2427円＋税

歌文集『わが夢わが歌』（私家版／小田原明子と共著）

1997年（平成９年）６月画文堂版　非売品

歌集『奇魂・碧魂』1998年（平成10年）６月ながらみ書房版

本体2500円＋税

『小説　碓氷峠』2000年（平成12年）３月画文堂版

本体1000円＋税

碓氷峠鉄道文化むらで
現在も売れ行き好調！

『小説 呼子谷／花祭りと三河紀行』2000年（平成12年）１２月豊川堂版

本体1143円＋税

◇電子書籍（kindleにてお求め下さい）

小説『遠つ世の声』2014年（平成26年）７月kindle版）

Kindle価格600円

『小説 碓氷峠』2014年（平成26年）９月kindle版）

Kindle価格600円

『小説 鉄の軋み』2014年（平成26年）９月kindle版

Kindle価格400円

物語集『漂情むかしがたり』2015年（平成27年）１月kindle版

Kindle価格350円

小説『海の滴』2015年（平成27年）８月kindle版

Kindle価格750円

国語のアクティブラーニング
音読で育てる読解力
小学2年～4年対応　1

著者　小田原漂情

発行　有限会社言問学舎
東京都文京区西片二－二一－一二
電話　〇三（五八〇五）七八一七

印刷・製本　株式会社メイク

二〇二〇年八月六日初版発行

定価　本体一、八〇〇円＋税

ISBN978-4-9910776-3-0

国語のアクティブ・ラーニング

音読で育てる読解力

小学2年〜4年対応　2

読解シート記述例・文例集

有限会社　言問学舎

音読で育てる読解力　小学２年～４年対応２　読解シート記述例・文例集　目次

◇読解《どっかい》シートと感想《かんそう》文の書き方

読解シートの質問《しつもん》に対《たい》する答えも、感想文も、思ったこと、感じたことをすなおに書いて下さい。「こんなこと書いていいの？」などと心配《しんぱい》することはありません（もちろんおふざけはいけません）。「読解シート記述例《きじゅつれい》」や「文例《ぶんれい》」を、ヒントとして参考《さんこう》にして下さいね。

◇原稿用紙の使い方

・書きはじめや、段落《だんらく》を変《か》えた場合《ばあい》、一マス目には字を書かず、空白《くうはく》にすること。

・「、」や「。」、かっこ、かぎかっこは一マス使うこと。ただし行の一番上に「、」や「。」が来る場合は、前の行の一番下のマスの右すみに書くこと（「、」や「。」を、一番上のマスに書いてはいけません）。

・数字は漢数字《かんすうじ》で書くこと。

・本のタイトル（書名《しょめい》）を書く場合《ばあい》と、かぎかっこの中でさらにかぎかっこを使う場合は、二重かぎかっこを使うこと。

※原稿用紙は、巻末《かんまつ》（この読解《どっかい》シート記述例《きじゅつれい》・文例集《ぶんれいしゅう》のいちばんうしろ）にあります。一枚ずつ切り取りできます。

足りない時は、市販《しはん》の原稿用紙や、ワードからプリントアウトできる原稿用紙を使《つか》ってもかまいません。

読解シート記述例　もっちゃん３　おともだち

①おひっこしして、なかよしだったタヅくんに会えなくなったもっちゃんのことを、どう思いますか。

〈もともといつも会えるかんけいではなかったからしかたがないけど、少しさみしいと思います。〉

②茶トラのねこさんは、どんなねこだと思いますか。

〈長年生きてきて、いろいろな話しをしてくれるねこ。〉

③茶トラのねこさんのセリフで気に入ったものを書いて下さい。

〈「そういえば、この前わしの写真もとってたねえ。」〉

④気長に待ってくれているパパのことを、どう思いますか。

〈とてもやさしいパパだと思います。〉

⑤茶トラのねこさんと話したあと、もっちゃんがいつもより元気でごきげんさんなのは、なぜだと思いますか。

〈長年生きてきた茶トラさんのパワーが、もっちゃんを元気にしているんだと思います。〉

⑥もっちゃんと茶トラのねこさんは、犬とねこなのになかよしのようです。ふたりのかんけいをどう思いますか。

〈犬とねこのゆうじょうでめずらしいけど、とてもいい感じだと思いました。〉

⑦思ったことを、かじょう書きにしてみましょう。

・もっちゃんに会ってみたい。
・茶トラのねこさんにも会ってみたい。
・このお話はいいお話だなあ。

★シート記入と「シート解答例」とのチェックがすんだら、原稿用紙に感想文を書いてみましょう！

文例　もっちゃん3　おともだち①

　ぼくが、「もっちゃん3　おともだち」を読んで思ったことは、茶トラの猫さんがすごく話しをしてくれて、長年生きてた感じがする、ということです。

　昔のタヅ君とあったルートにいっても、もともといつも会うんじゃなくてばったり会うかんけいだったから、もっちゃんにとってもうあえなくなってしまったそんざいで、少しさみしくなると思いました。

　このお話を読んでぼくが気づいたことは、かなしいことがいつかなくなる日がくるということです。もっと犬のことや、犬のお話をよみたい気分になるとてもいいお話で、もっちゃんのような犬や、茶トラの猫さんにじっさいあってみたい気もちになりました。

　犬と猫というかんけいからうまれたゆうじょうについてのこの作品を、なんどよんでもあきません。

20 × 10

　はじめてよんだときは、すごくふつうのお話だと思いましたが、このお話のクライマックスのぶぶんをよんでいいお話だと思いました。

20×10

文例　もっちゃん3　おともだち②

　もっちゃんは、おもしろい犬ですね。ふっうわんちゃんはわんちゃんどうしで、なかよく遊んだりすると思いますが、わんちゃんよりねこちゃんが好きな犬は、めったにいないと思います。

　それにねこのほうも、ふつうは犬をこわがるでしょうから、おともだちができなかったのは、しかたがないですよね。

20×10

　でも茶トラのねこさんといういいお友だちができて、もっちゃんは幸せそうです。この二ひきがいつまでもなかよしにしていられるといいな、と思いました。

20×10

感想《かんそう》文の書き方―こうやって書いて下さい！

ア．感想文や作文を、どうやって書けばいいの？

思ったこと、感じたことを書きましょう、と、よくいわれますよね？この本にも、そう書いてある場所があります。文章を書くということは、本当にその通りなのです。

イ．でも、教えてくれなければわからないよ？

それもまた、その通りですね。いきなり文を書くのでなく、読んだ文章のどの部分に対して、どう思ったか。それがはじめの手がかりですし、そのためにこの本には、「読解《どっかい》シート」がついているのです。シートの問いかけに対して、思ったことを書きましょう。

ウ．そこまではできたよ。でも、文はどうやって書けばいいの？

今までにならった通りの書き方で、シートに書いたことをつなげて書けばいいのですが、お手本のかわりに、「文例《ぶんれい》」がついています。文例にならって、でも書くことの中身《なかみ》は自分の考えで、書いてみて下さいね。

読解シート記述例　ゆめの山ざと3　声のブッポウソウ〈上〉

①はじめのおじいちゃんの言葉のあと、自分がわるいことでもしたのかと思った、というさおりの気持ちをどう思いますか。

〈さおりは、まわりの人のことを気にする子なんだと思いました。わたしもときどき、そんな気持ちになります。〉

②声のブッポウソウという鳥の名を、聞いたことがありますか。

〈この物語を読んで、はじめて知りました。　　〉

③その鳥にきょう味をしめしたさおりを、どう思いますか。

〈いろいろなことに注意が向く人だと思いました。〉

④明子ねえちゃんを、どんな人だと思いますか。

〈やさしい人だというのはまえの物語でわかっていたけど、頭もよくて勉強している人だと思いました。〉

⑤コノハズクの声を聞かせたいおじいちゃんの気持ちを知って、うれしくなったさおりのことを、どう思いますか。

〈さおりはおじいちゃんのことをちょっとこわいと思っていたけど、おじいちゃんの気持ちがよくわかったんだと思います。　〉

⑥さおりが一度明子ねえちゃんにコノハズクの声を聞きたいと言ったのに、ゆう気を出してもう一度おじいちゃんにお願いしたのは、なぜだと思いますか。

〈やっぱり、さおりはまわりのことを気にする子なんだと思いました。ちょっとかわいそう。〉

⑦東京のおうちが恋しいと思わなくなっていたさおりのことを、どう思いますか。

〈恋しいと思う場面もあったんだと思いますが、じぶんのけいけんから考えても、わかる気がします。〉

⑧「お父さんが来てくれたら楽しいけど、ここの家の人たちとだけでコノハズクの声を聞きにいきたい」と思ったさおりについて、思ったことを書いて下さい。

〈きょ年の夏、キャンプに行ったとき、帰る前の日に同じような気持ちになりました。〉

★シート記入と「シート解答例」とのチェックがすんだら、

原稿用紙に感想文を書いてみましょう！

文例　ゆめの山ざと3

声のブッポウソウ〈上〉①

　ぼくは、このお話を読んで一番おもしろかったところは、さおりが「こ・の・は・ず・く？」と言ったところです。なぜかと言うと、コノハズクもそんなふうに低い音や高い音で鳴くのかを知りたいからです。

　ぼくは、コノハズクを見たことがありません。でもコノハズクを都道府県で調べてさがしてみたら愛知県だということが分かりまし

20×10

た。
　ぼくは、歴史好きなので愛知県に行ってみたいし、名古屋市のモーニングサービスも気になっていたので、またもう一つ行く理由がふえました。

20×10

文例　ゆめの山ざと3

声のブッポウソウ〈上〉②

　さおりは、本当にコノハズクの声を聞いたのかを知りたいです。コノハズクの声をユーチューブで聞かせてもらったんですが、ブッ・ポウ・ソーとは言ってませんでした。

　先生は、コノハズクを見たことがありますか？ぼくは、えいぞうなら見たことがありますが実さいには、見ていないです。

　そもそも愛知県にいなかはあるんですか。

20×10

そのことも知りたいです。

　ぼくは、愛知県に行ってコノハズクを実さいに見て見たいです。コノハズクの声も聞きたいです。

20×10

読解シート記述例　ねこのまるちゃん3　まるのゆめ

①「ゆめ」という言葉の意味を、あなたはどちらの方でいつも考えていることが多いですか。理由も書いて下さい。
〈・ねている方　しょうらいのゆめは決まってないから。
・しょうらいの方　ねている方はあてにならないから。〉
②まるちゃんの「ゆめ」について、どう思いますか。
〈遠くへ行こうという気持ちは、わかるような気がする。でも三毛おばさんみたいになりたい方は、よくわからない。〉
③コンビニに出入り自由の三毛おばさんを、どう思いますか。
〈ふつう、ねこはのら時代のまるみたいに追い出されると思う。自由に出入りできるねこなんて、ほんとにいるのかな。〉
④「旅＝りょこう」について、思うことを書いて下さい。
〈りょこうは家ぞくと行くのが楽しいと思う。でも「さおりのひとり旅」を読んだときは、いいなと思った。〉
⑤ねている時に見た「ゆめ」で、ずっとおぼえていることを、書いて下さい。
〈二年生ぐらいまでは、ウルトラマンサーガになるゆめを見ていたけど、三年生になってから見たことがない。〉

⑥まるちゃんはどうして、思うままに旅をしたいと思っているのでしょう。まるちゃんの気持ちをそうぞうして書いて下さい。

〈まるちゃんは、いつもみけちゃんのめんどうをみていたり、みんなに気をつかったりしているから、たまにぶらりとひとり旅がしたいと思う。〉

⑦自分の「ゆめ」を、かじょう書きにしてみましょう。

・北海道に行ってみたい。

・三十センチ以上の魚を一人でつってみたい。

・学校が前のように楽しく遊べるようになってほしい。コロナだからしかたがないのはわかっているけど。

★シート記入と「シート解答例」とのチェックがすんだら、原稿用紙に感想文を書いてみましょう！

文例　ねこのまるちゃん3　まるのゆめ①

　まるとみけのお話にほかのねこが出てきたのは、このお話がさいしょです。その初とうじょうのほかのねこが、コンビニをゆっくり一周して出てくる三毛おばさんだったので、私は、大笑いしてしまいました。

　それに、この三毛おばさんは、まるちゃんがあこがれるようなねこですから、その意味でも、この「ねこのまるちゃん」の中では特

20×10

別なキャラクターだと思います。
　三毛おばさんがいっぱい登場するお話も、
読んでみたいです。

20×10

文例　ねこのまるちゃん３　まるのゆめ②

　ねこにもゆめがある。楽しいお話だと思いました。ねこのゆめと言ったら、ねずみをつかまえたいとか、夏はすずしいところ、冬はあたたかいところでねたいとか、そんな感じだと思うのですが、まるちゃんは遠くへ旅をしたいなんて、ちょっと人間みたいだと思いました。

　あとおもしろかったのが、三毛おばさんで

20×10

す。おやしきにすんでいるみたいですが、どうしてコンビニに出入り自由なのかな。

こんなおもしろいねこたちと、いっしょに遊んでみたいです。

20 × 10

読解シート記述例　東京の屋根の下

①平成よりも前の時代をいつまで知っていましたか。昭和、大正、明治などと書いて下さい。つながってないものはだめです。
〈昭和、大正、明治、江戸、安土桃山、室町、鎌倉、平安、奈良、飛鳥、古墳、弥生、縄文／旧石器〉

②江戸時代のことで、知っていることを書いて下さい。
〈・武士は刀をさしていた／・年貢がきびしかった／・百姓一揆があった／・着物を着ていた／・ペリーが来た〉

③前回の東京オリンピックのことを聞いたことがありますか。ある人はぐたいてきに（れいをあげて）書いて下さい。
〈マラソンで銅メダルになった選手のことを、聞いたことがありま す。〉

④新幹線とＹＳ‐１１、どちらが気に入りましたか。
〈・ＹＳ－１１　日本の飛行機が大事だと思うから。
・新幹線　六十年近く進歩をつづけているから。〉

⑤あなたの今の「夢」は何ですか。ぐたいてきに書いて下さい。
〈小学校の間に、運動会でゆう勝すること。今年はコロナのせいでなかったから、あと二回。〉

⑥学校は、今、どんなようすですか。教室のじょうたい、時間割、お友だちのようすなどを、書いて下さい。

この間から六時間になったけど、後ろを向いて話してはいけない、給食もだまって食べる、といろいろ決まりがたいへんです。

⑦努力（どりょく）することについて、じぶんの考えを書いて下さい。れいをあげると、書きやすいですよ。

〈あまりいしきしてやっているとは思いませんが、学校の宿題は、ご飯までに終わらせるようにしています。〉

★シート記入と「シート解答例」とのチェックがすんだら、原稿用紙に感想文を書いてみましょう！

文例　東京の屋根の下①

　ぼくは、むかしの東京オリンピックの時、マラソンで三位になった人のことを、聞いたことがあります。その人は、日本中の期待を背負って次のメキシコオリンピックをめざしていたけれど、オリンピックが近づくと、重あつのためにみずから命を絶ってしまったそうです。

　ぼくはそれ以上、くわしいことは知りませ

20×10

んが、スポーツが楽しむばかりのものでないのだということは、その話を聞いた時にわかりました。今、新型コロナウイルスのために東京オリンピックがえんきになって、来年できるかどうかわかりませんが、こんな悲しい思いをする人がないように、明るい大会になってほしいと思います。

※東京オリンピックのマラソンで銅メダルを取った円谷幸吉（つぶらや　こうきち）選手のことですね。

20×10

文例　東京の屋根の下②

　ぼくの家は大阪におじいちゃんとおばあちゃんが住んでいるので、新かん線にはよく乗ります。0系、100系、300系、500系と、だんだん速くなって、三時間十分かかっていたのが二時間半になったのは聞いたことがありますが、その前に六時間半、七時間半かかっていたことは、初めて知りました。六十年近くも進歩を続けて来た新かん線は、

20×10

すごいと思います。

そして、しょうらいにゆめを持つことは大事だと、ぼくも思います。ぼくのゆめは、まだはっきりわからないけど、さい害の時に人を助けることができるようになりたいです。それは自分もきけんな目にあうことだと思うので、しっかり勉強して、役に立てるようになりたいです。

20 × 10

読解シート記述例　ゆめの山ざと3　声のブッポウソウ〈下〉

①さおりはなぜ、お父さんが来られなくてさびしく思うよりも、コノハズクの声を聞く冒険の方がよかったのだと思いますか。

〈すっかりおばあちゃんの家の子になったみたいだから、自分の家の人が来ない方が、ワクワクドキドキがつづく気がしたから。〉

②さおりのように、本で何かを調べることがありますか。

〈あまりありません。マンガや絵のついている本を見ることはあります。〉

③コノハズクを、どんな鳥だと感じましたか。

〈かわいい感じだけど、声がふしぎ。〉

④コノハズクの声を、聞いてみたいと思いましたか。

〈さおりみたいに、夏休みにそこの家にすっかりなじんでたら、聞きたくなるかも知れません。〉

⑤コノハズクが「ブッ、ポウ、ソー」と鳴くことを、さおりはふしぎに思いました。あなたはどう感じましたか。

〈ブッ、ポウ、ソーのせつめいはむずかしくてよくわからないけど、ちょっと聞いてみたいと思いました。〉

⑥「海老（えび）」という地名をふしぎに思って明子ねえちゃんに聞いたさおりを、どう思いましたか。また、自分で同じようなぎもんを持ったことがありますか。

〈よくそんなことに気がつくな、と思ったけど、いなかで似たような話を聞いたことがある。自分では気がつかない。〉

⑦コノハズクの声が聞こえたあと、しげるにいちゃんが奥へ行き、明子ねえちゃんと代わりました。なぜだと思いますか。

〈さおりに、明子ねえちゃんといっしょにブッポウソウの声を聞かせてあげたいと思ったから。〉

⑧さおりはおばあちゃんのうちに一人で来て、コノハズクの声も聞いて、すっかりそこの家の子になってしまったようでした。最後のところのさおりの気持ちを、どう思いますか。

〈自分の家に帰らないで、とまでは思わないけど、私もキャンプなんかに行くと帰りたくなくなるから、さおりの気持ちはよくわかります。〉

★シート記入と「シート解答例」とのチェックがすんだら、原稿用紙に感想文を書いてみましょう！

文例　ゆめの山ざと3

声のブッポウソウ〈下〉①

きょ年の夏、お母さんのいなかのいとこたちといっしょに、キャンプに行きました。そこは「ゆめの山ざと」みたいなところで、山と山がいく重にも重なっている間を川が流れていて、マスのつかみどりなんかもやりました。

　お母さんは、もうすぐ一番下の妹が生まれる時だったので、私と弟をつれていなかに帰

20×10

り、私たちもほとんど夏休みの間じゅう、いなかにいたのです。

　お母さんがいっしょだったから、さおりの話とは少しちがうと思いますが、私も夏休みが終わって家に帰る時、「帰りたくない、ずっといなかにいたい」と思いました。

　だからさおりの気持ちはとてもよくわかります。さおりは明子ねえちゃんが大好きだから、よけいにそう感じたのだと思いました。

20×10

文例　ゆめの山ざと3

声のブッポウソウ〈下〉②

　ぼくは、さおりがコノハズクの声を聞きに行くところを読むのが楽しみでした。でもこの話を読んだら、コノハズクが「ブッ、ポウ、ソー」と鳴くんじゃないらしいことがわかって、やっぱりな、と思いました。ただ動画で聞いた声が「ブッ、キョッ、コッ」だったかどうかは、はっきりわかりません。

20×10

ぼくはコノハズクの声を、前よりももっともっと聞いてみたくなりました。

20×10

読解シート記述例　もっちゃん4　だいこうぶつ

①もっちゃんが、家ぞくといっしょにごはんを食べていることをどう思いますか。
〈たしかにしあわせそうだと思います。でも犬に食べさせてはいけないものもあるから、注意がひつようです。〉

②もっちゃんが食いしんぼうなのを、どう思いますか。
〈みんなおいしいものを食べるのは好きだと思います。でも食べすぎには、気をつけた方がいいですね。〉

③心を鬼（おに）にするパパを、どう思いますか。
〈やさしいパパだから、もっちゃんに食べさせてあげたいはずだけど、もっちゃんのためにぐっとがまんするんだと思います。〉

④パパはなぜ、夜おそく帰って来たのでしょう。
〈外でお酒を飲んできたからだと思うけど、しごとだったかもしれないと思いました。〉

⑤もっちゃんの視線（しせん）を感じたパパのようすを読んで、どう思いましたか。
〈「ああっ、しまった。」というセリフの通りだと思います。〉

⑥もっちゃんに見つかってしまったために、その夜柿を食べるのをあきらめ、水を飲むだけにしたパパを、どう思いますか。

〈これがほんとうのかいぬしのやさしさだと思いました。〉

⑦思ったことを、かじょう書きにしてみましょう。

・パパがかきを食べようとしていたところを、もっちゃんがハアハア言いながら見ていたところが、とてもかわいかった。
・犬にかきを食べさせちゃいけないのかな。
・うちにもっちゃんがいたら、たのしいだろうなあ。

★シート記入と「シート解答例」とのチェックがすんだら、原稿用紙に感想文を書いてみましょう！

文例　もっちゃん4　だいこうぶつ①

　もっちゃんのお話は、パパがきめ手だと思います。パパはいつももっちゃんにやさしいですが、今回は、食べようとした柿の実を、もっちゃんにさびしい思いをさせないためにわざわざ冷ぞう庫にしまい、もっちゃんといっしょにねたというので、なんてやさしいパパさんなんだろうと思いました。

　でももっちゃんはそんなパパさんをこまら

20×10

せようとして、ハアハア言いながら後ろに来ていたのかな？ちょっとそんなことも考えました。

20×10

文例　もっちゃん4　だいこうぶつ②

　もっちゃんのだいこうぶつが柿だとは、意外でした。ワンちゃんだから、てっきりお肉とか、お肉がついていたほねだとか、そんなものだと思ったのです。でも、子犬の時にじゅくした柿を食べて大好きになったというので、このあいだ国語のじゅ業で習ったことわざの意味が、よくわかりました。

　「三つ子のたましい百まで」

20×10

ということは、こういうことなのでしょうね。
もっちゃんは子犬の時のすなおな気持ちを、
ずっと持ちつづけているんだと思います。

20×10

読解シート　ねこのまるちゃん4　おひるね

①「ねこ」という言葉が「ねる子」からできたという話を聞いたことがありましたか。また、信じますか。

〈聞いたのははじめてだけど、うちのネコもいつもねてるから、本当にそうなのかも知れないと思いました。〉

②ねむっているねこのすがたを、見たことがありますか。

〈・毎日見ています。
・じっさいにはありません（動画ならあります）。〉

③まるがねずみとりをしたら、どんな感じだと思いますか。

〈さいしょはすごいいきおいでとびかかるけど、とどめはささないで、と中からわざとにがしていたぶったりすると思います。〉

④まるがしっぽのダンスでみけをじゃらすのをどう思いますか。

〈ネコは動くものにむ中になるから、じゃらし方としてはいいと思います。ねむい時はしかたがないかも。〉

⑤まるがおきないので、ひっしに一人でキジトラを追いはらおうとしたみけのことを、どう思いましたか。

〈いつもまるにまもってもらっているから、まるがねているときぐらい自分でなんとかしようとした、えらいみけだと思います。〉

⑥いよいよというときにとび出して、あっという間にキジトラを追いはらったまるのことを、どう思いますか。

〈やっぱりたよりになるまるにいちゃんだと思いました。〉

⑦思ったことを、かじょう書きにしてみましょう。

・ねこが「ねるこ」というのは、なるほどと思う。

・まるちゃんの体当たりは強そうだから、やられたキジトラはいたかっただろうと思う。

・最後のお母さんとおばあちゃんの会話がいいと思う。

★シート記入と「シート解答例」とのチェックがすんだら、
原稿用紙に感想文を書いてみましょう！

文例　ねこのまるちゃん4　おひるね①

　私はこの物語を読んで、まるちゃんがねているる時にひとりぼっちのみけちゃんが、かわいそうだと思いました。でもキジトラが来た時、まるにたよるばかりではなく一人で立ち向かおうとした場めんでは、「みけちゃん、えらいぞ」と思いました。ただ、キジトラをいかくするつもりの声が「にゃわわわん」だったのには、笑ってしまいましたが。

20×10

　あぶない時にドンとキジトラをやっつけるのは、さすがまるちゃん、という感じです。きっとみけも、いよいよとなったらまるがおきてくれるのを、わかっていたのではないでしょうか。
　そして、最後におばあちゃんが、「まるは守り神みたいだ」と言った言葉が、強く印象に残りました。

20×10

文例　ねこのまるちゃん4　おひるね②

　ねこはおひるねしてるとき、なにを考えているんだろう。お正月にいとこのお兄ちゃんが来た時、そんな話になりました。ぼくは、「こんばんのごはんのキャットフードはなにかなあ」じゃないかと言いましたが、お兄ちゃんは「広い野原を走り回りたいんじゃないかな」と言いました。お兄ちゃんはアフリカのライオンのことを調べて、ねこにも同じよ

20×10

うなかんかくがあるんじゃないかと思ったそうです。

　この物語を読んで、その時のことを思い出しました。まるちゃんは旅をしたいと、「まるのゆめ」に書いてあったから、きっとまるはゆめの中で旅をしているかも知れません。そうすると、お兄ちゃんの意見に近い気もします。まるがおひるねしているところを、ぼくも見てみたいです。

20×10

読解シート記述例　おじぞうさまはここに

①丹後（たんご）のある村で、毎朝早くおじぞうさまをたずねて歩いていた尼僧（にそう）のことを、どう思いますか。

〈しんじんぶかいというのはよくわからないけど、毎日はやおきしつづけるのはすごいと思います。〉

②「心がけのよくない男」登場の時、どう思いましたか。

〈・あ、ぜったいわるいやつだと思いました。

・にそうがだまされないか、しんぱいでした。〉

③尼僧は「男」に対してどうすればよかったと思いますか。

〈ありがたいおきょうの力で追いはらえばよかった。〉

④「案内料」を求める「男」のことを、どう思いましたか。

〈・やっぱりわるいやつだとおもいました。

・なんでもお金、という人は今でもいそうだ、と思いました。〉

⑤「男」が言う「じぞう」とは、太郎さんの家の子どもの名前でありました。どのへんからあやしいと思いましたか。

〈・すぐそこの太郎さんの家、と言ったところ。

・「こんちは、太郎さん。じぞうはいるかい。」のところ。〉

⑥尼僧（にそう）は、「じぞう」という名のその家の子どもが帰って来ただけなのに、うたがうことをせずにただひたすらおがみました。そのことをどう思いますか。

〈わたしだったら、「男」が太郎さんの家を出て行くまえにたしかめるし、太郎さんに本当のことを聞くのがふつうだと思います。〉

⑦尼僧（にそう）は太郎さんの家の土間で、お経をあげながら、生きぼとけになりました。そのことをどう思いますか。

〈生きぼとけになるところはこわいけど、にそうがいっしょうけんめいしんじてそうなったのだから、いいと思います。〉

⑧古くからのこのお話を、「おじぞうさまはここに」としましたが、つまりおじぞうさまがおわす「ここ」とは、どこなのだと思いますか。

〈にそう、つまりしんじる人の、心の中だと思います。〉

★シート記入と「シート解答例」とのチェックがすんだら、原稿用紙に感想文を書いてみましょう！

文例　おじぞうさまはここに①

　私は、この物語を読んで、最後に子どもの「じぞう」のひたいがぱっくりさけて、中からおじぞうさまがあらわれるところはこわいけれど、心がけのよくないわるだくみをうたがわなかったにそうの心のきれいさが、おじぞうさまをよび出したんだ、と思いました。

　私は仏教のことも、ほかの宗教のことも、よくわかりません。でも、このお話を何度読

20×10

んでも、にそうがいっしょうけんめいでうたがうことを知らなかったから、おじぞうさまに会えたのだと思いました。

だから、おじぞうさまがどこにいるか、というしつもんのこたえは、にそうの心の中だと思います。そしてもしかしたら、同じように、私たちの心の中にもおじぞうさまがいらっしゃるのかも知れません。

20×10

文例　おじぞうさまはここに②

　むかしばなしには、ふしぎな話がたくさんあります。かぐやひめや一寸ぼうしなども、どうしてそんな人がいるのか、当たり前に考えたらありえないことだと思います。
　このお話も、子どもが木の枝でおでこをひっかいたら、中からおじぞうさまが出てきたなんて、やっぱり「ありえない」お話みたいです。

20×10

　でも私は、ただ「ありえない」だけではない何かを、このお話から感じました。におそうが一心におじぞうさまをしんじていた、その心が、私たちにも伝わってくるのではないでしょうか。

20×10

保護者のみなさまへ－これからの勉強のあり方と本書のねらい

来年1月から実施される大学入学共通テストでは、紆余曲折を経て当初目玉とされていた「記述式」の問題が出題されないことになりましたが、そのこととは別に、これからの勉強においては用意された問題の中から正解を見つけ出すばかりでなく、自分で課題を立て、考えを組み立てていく力が求められます（一方で、しっかり正解を求める力も、もちろん大事です）。

本書のスタイルの勉強法を身につけた子は、文章を書く力が身につくのはもちろんですが、自分で考えを組み立てることができるようになりますから、たとえば面接なども、得意になります。そして、国語をもとにした思考、表現に、すぐれたものを見せてくれることが多いのです。

ですから、この本の「読解シート」の問いかけに対する「記述例」と、感想文の「文例」は、正解や模範解答という位置づけをしてありません。文章を読んで感じることはみな違いますし、表現のしかたもまた千差万別です。自分の「オリジナルの考え方」をお子さんたちに見つけ出してもらうことが、この本のねらっているところなのです。

お子さんが書かれた内容に疑問や不足があったら、ぜひとも親子で、そのことについて話し合って下さい。そこで見つかるものが、お子さんを大きく成長させてくれることでしょう。

作品名

／

氏名

200

160

120

80

40

作品名

／

氏名

200		160		120		80		40	

作品名

氏名

40 80 120 160 200

作品名

／

氏名

200 160 120 80 40

作品名

／

氏名

200 160 120 80 40

作品名

氏名

40

80

120

160

200

作品名

氏名

40

80

120

160

200

作品名

／

氏名

200

160

120

80

40

作品名

氏名

40

80

120

160

200

作品名

氏名

200 160 120 80 40

作品名

氏名

200 160 120 80 40

作品名

／

氏名

200 160 120 80 40

作品名

／

氏名

200

160

120

80

40

作品名

／

氏名

200

160

120

80

40

作品名

氏名

200 160 120 80 40

作品名

／

氏名

200 160 120 80 40